THÈSE

POUR

LA LICENCE.

TOULOUSE,
TYPOGRAPHIE GIBRAC OUVRIERS RÉUNIS,
RUE SAINT-PANTALEON, 3.

MEO PATRI ET AVO,

ALIIS MEIS

ET AMICIS.

FACULTÉ DE DROIT DE TOULOUSE.

ACTE PUBLIC

POUR

LA LICENCE

En exécution de l'Article 4, Titre 2, de la Loi du 22 Ventôse an XII.

SOUTENU PAR

M. DUPRAT (Léon),

Né à Valence-d'Agen (Tarn-et-Garonne.)

Jus Romanum.

De Actione rei uxoriæ.

COD. LIB. V, TIT. XIII.

INST. JUST. LIB. IV, TIT. VI, § 29.

De Dote restituendâ.

Dos sive res uxoria, quidquid à parte mulieris marito affertur, ad sustinenda matrimonii onera definiri potest.

In dotem constitui possunt omnia quæ in commercio sunt, et mariti auctura facultates, corporales res seu incorporales ; ut hæreditas, nomina, et usufructus. Sed sine nuptiis dos nulla intelligitur, datur enim ut matrimonii onera sustineantur, et quidquid de dote stipulatum fuerit, hanc tacitam habet conditionem si nuptiæ secutæ ; inde etiam dos quamvis constituta ante celebratum matrimonium à marito peti non potest.

Constitui autem dos potest, vel ante, vel post nuptias, constanteque matrimonio ; sed in hoc ultimo casu multò magis augeri fas est.

Mulier ipsa, sibi constituere dotem poterat, vel alius mulieri, et non solùm certa præsentiaque bona, sed etiam omnia bona, vel futura.

Dari debet dos marito, sed à vice paterno dos liberalitas est; quoad maritum titulo oneroso præstatur.

Jure in antiquo, dos autem tribus modis constitui poterat: aut enim datur, aut dicitur, aut promittitur ; Ulp. Liv. 1, Tit. 6 de Dotibus.

Datione dotis. — Quùm præsertim dotalium rerum dominium, transfertur tam solemnibus modis, quàm traditione, et etiam cessione aut delegatione, et dare dotem omnes poterant.

Dictione. — Quæ sine stipulatione promittitur, nec interrogante marito, dotem dicere nemo potest, nisi quædam personæ, uxor, pater et avus paternus ; promittere verò vel dare omnes possunt.

Promissione. — Quæ nondum tradita, per stipulationem tamen promittitur.

Datio dotis naturali jure et rerum naturâ innita, in jure Romano subsistit, sed et dictio dotis, et promissio evanescere ; dotis pollicitatione sublatâ, et valuit novo jure mera dotis promissio, non minus nudo pacto, quùm interveniente stipulatione peractâ. Inde dos duobus tantùm modis constituebatur : datione vel pollicitatione.

Sed sunt aliæ distinctiones necessariæ ad nostram materiam feliciter exponendam ; dos est, vel profectitia, vel adventitia, vel receptitia.

Profectitia est quæ à patre, vel à parente virilis sexùs profecta est, vel de bonis, vel de facto eorum.

Adventitia dos dicitur quæ aliunde quàm a patre contingit ; inde quam sibi uxor constituit, vel à matre, aut matris à parentibus profecta est, profectitia non est, sed adventitia.

Receptitia est quæ præmortuâ muliere, non apud maritum remanet, quùm qui illam constituit extraneus, dissoluto matrimonio, ad se reverti stipulaverit.

Dos etiam vel æstimata, vel inæstimata esse potest ; æstimata dicitur, si in pactis nuptialibus rerum dotalium valor indicatus fuerit, tunc plenum dominium marito advenit. Inæstimata, tunc ad ipsam uxorem constante matrimonio, periculum pertinebit, apud uxorem remanente dominio; et nunc his cognitis de restitutione dotis post solutum matrimonium dicamus.

Primis Romæ cunabulis, cùm uxor in manum mariti conveniret, nulla erat dos, ergo nulla repetitionis necessitas, sed sublatâ manu paulatim dos in usu fuit et consequenter illius restitutio necessaria. Antiquo jure, ad eam repetendam duplex actio constituta erat, *ex stipulatu* si quid de dotis restitutione stipulatum esset ; *et rei uxoriæ* ; quarum una stricti juris, altera verò bonæ fidei.

Mulieribus succurrendum esse Augustus existimans , cùm reipublicæ interesset , dotes mulierum salvas esse, propter quas nubere possent. — Lege Juliâ cautum fuit inæstimatam dotem , quoad immobilia , à marito non posse alienari invitâ uxore, et nequidem consentiente obligari : nam, ut ait lex, italicum fundum dotalem inestimatum maritus, invitâ uxore, ne alienato ; neve consentiente obligato.

Nunc , quomodò solvitur matrimonium cernendum est. Solvitur , divortio, morte mariti vel uxoris.

1o Divortio. — Uxor vel sui juris est., aut sub potestate patris : si sui juris, et actionem rei uxoriæ , ad repetendam dotem ipsa habet, et maritus compellitur restituere, dummodo uxoris culpa non intersit, nec interest profectitia dos sit vel adventitia. Si alieni juris est , patri , sed filius, adjunctâ personâ rei uxoriæ competit actio , sed in utroque casu plenum dominium mulier retinet. Notandum est ait Ulpianus post divortium defunctâ muliere , heredi ejus actio non aliter dari quam si moram in dote reddendâ maritus fuerit.

2º Morte mariti. — Et eadem notanda sunt , quæ suprà de divortio diximus , dummodo ipsa virum non occiderit.

3º Morte mulieris. — Hic inter profectitiam dotem aut adventitiam distinguere debemus. Si profectitia , ad patrem vel ad illos per virilem sexus ascendentes reversura est , solummodo propter liberos deductione permissâ. Adventitiam autem servat maritus ; nisi is qui dedit, ut sibi redderetur stipulatus fuerit , id est si receptilia non sit.

Jam quidem de restituendâ dote , duas competere actiones mulieri diximus. *Ex stipulatu et rei uxoriæ.*

Ex stipulatu. — Hâc actione nemo uti potest nisi qui, quùm dotem promitterit, sibi illam restituendam stipulatus fuit, id est si receptitia dos est ; et hæc stricti juris erat, indè nullum admittebat oblectamentum, et statim à marito solida et sine omni retentione, tàm propter liberos , quàm propter impensas et mores restituenda erat dos, denique maritus in hâc stricti juris actione, condemnandus non poterat in id tantùm quod facere potest.

Rei uxoriæ. — Alia autem vis est hujus actionis , quæ dicitur bonæ fidei , nam et in hâc actione quæ generalis erat , maritus solummodò de non fungibili dote statìm restituere compellabatur ; sed de dote fungibili quæ numero , pondere , mensuráve constabat, annuâ , bimâ , trimâ die tantùm reddenda erat, insuper et divortio facto , retentiones de dote fiebant aut propter liberos , aut propter mores , aut propter impensas , aut propter res donatas , aut propter amotas. Etiam dos adventitia apud maritum remanebat , imò hâc actione conventus maritus in id solùm condemnandus erat quod facere potest , et nunquàm, ad uxoris hæredes transibat , ut *actio ex stipulatu* nisi post factum litistationem mulier obiisset.

Sed Justinianus, sive interfuerit stipulatio , sive non, utramque actionem in unam conjunctam esse voluit , et ex stipulatu actione omnes dotes exigi , attamen ei naturam rei uxoriæ actionis sublatæ, id est bonæ fidei accommodavit , et hoc beneficium non solùm mulieri , sed etiam hæredibus suis attribuit , omnes retentiones aboluit , beneficium competentiæ marito non recusavit, edictum de alterutro sublatum fuit, et denique tacitam uxori hypothecam concessit, quæ etiam speciali favore, anteriores hypothecarios mariti creditores præcedit; sed hoc notandum est: personale est hoc privilegium et non ad hæredes, sicut et hypotheca transit.

Code Napoléon.

CHAPITRE PREMIER.

Théorie des Obligations et des Libéralités conditionnelles.

(Art. 900, 1168 à 1184. — 954 à 966, etc.)

Pour se faire une idée bien exacte et comprendre le sens des obligations conditionnelles, l'opposition avec l'obligation pure et simple et à terme devient nécessaire; c'est, en effet, en établissant la différence de ces trois genres d'obligations et en les comparant entr'elles, qu'il deviendra plus facile d'étudier l'obligation conditionnelle sous son véritable jour, et par conséquent d'en donner une définition plus exacte.

Nous y sommes naturellement amené par l'espèce de contradiction que nous offre le texte des deux articles 1168 et 1181. Dans le premier cas, le Code définit ainsi l'obligation conditionnelle, c'est-celle qui dépend d'un événement futur et incertain.

Dans le second cas, il la fait dépendre ou d'un événement futur et incertain, ou bien d'un événement actuellement arrivé, mais encore inconnu des parties. Les dispositions de ces deux articles s'excluent réciproquement ; il faut donc examiner laquelle des deux est préférable.

I.

De la condition en général.

Le mot condition, dans son acception la plus large , comprend toutes les circonstances dont on fait dépendre l'existence d'un fait ou d'un droit.

Dans son acception véritable , telle que nous l'entendons ici , les auteurs se servent de la définition même du Code dans l'article 1168. La condition est un événement futur et incertain dont on fait dépendre une obligation. C'est de cette condition dont nous avons à nous occuper , et qui forme la base fondamentale de notre matière.

Avant d'entrer dans le cœur de la question, nous allons mettre en regard l'obligation conditionnelle , avec l'obligation pure et simple et à terme ; ce simple aperçu suffira pour nous faire sentir le caractère essentiel de l'obligation conditionnelle , et nous empêcher de confondre ces deux dernières obligations avec la première, par la différence marquée qui va résulter de leur comparaison.

1o Obligation pure et simple. — L'obligation pure et simple est celle dont les effets prennent naissance à l'instant de sa formation. *Statim debetur.*

2o Obligation à terme. — C'est celle dont l'existence a lieu dès que le contrat est formé , mais dont l'exigibilité seule est retardée. *Statim debetur , sed in diem dilata solutio.* Le jurisconsulte Paul la définit , *præsens obligatio est , sed in diem dilata solutio.*

3o Obligation conditionnelle (*spes debitum iri*). — C'est celle qui dépend d'un événement futur et incertain.

Ainsi , pour qu'une obligation soit conditionnelle, deux circonstances doivent concourir : il faut que l'événement dont on la fait dépendre soit futur , de plus , il faut qu'il soit incertain.

Or , qu'est-ce qu'un événement incertain ? C'est celui qui peut arriver ou ne pas arriver. Tout événement incertain doit être nécessairement futur , donc l'événement passé ou actuellement arrivé ne peut pas , quoiqu'inconnu des parties, servir de condition. Comment expliquer alors le sens de l'article 1168 , si on veut le mettre d'accord avec les termes de l'article 1181 , qui fait dépendre la condition ou d'un événement futur et incertain , ou d'un événement actuellement arrivé , mais encore inconnu des parties.

Ces deux dispositions offrent une contradiction évidente, et s'annullent réciproquement ; laquelle des deux nous paraît la meilleure? Evidemment la première, celle qui est contenue dans les termes de l'art. 1168 , car elle est conforme, non-seulement aux principes du Droit romain et à notre Droit français, mais encore à la nature même des choses.

Les explications données sur le sens qu'on attache à un événement incertain, suffisent assez pour infirmer la rubrique de l'art. 1181. En effet, puisque l'obligation conditionnelle est celle qui existera ou n'existera pas, l'obligation ne sera conditionnelle, qu'autant que l'événement auquel elle est subordonnée est *incertain*.

Après avoir traité de l'obligation conditionnelle en général, nous allons nous occuper de ses différentes espèces.

II.

De la condition suspensive et résolutoire.

La condition suspensive est celle qui suspend l'existence même de l'obligation, et qui la fait dépendre d'un événement futur et incertain. La condition résolutoire est celle qui soumet la résolution du contrat à l'existence d'un événement futur et incertain ; son effet est de rétablir les choses dans l'état où elles se seraient trouvées si le contrat n'eût pas existé.

Nous devons remarquer que la condition suspensive et la condition résolutoire sont combinées de telle façon qu'elles sont l'inverse l'une de
l'autre, c'est-à-dire que si la condition est suspensive pour l'une des parties, elle devient résolutoire pour l'autre et *vice versâ*.

Donnons un exemple de cette idée. Je vous vends ma ferme de Nor-
mandie, si tel vaisseau arrive de Crimée ; si la condition se réalise, cette
vente va produire un double effet, d'un côté, vous allez devenir propriétaire de ma ferme, et de l'autre je vais être dépouillé du droit de propriété dont vous allez être investi ; ainsi, nous sommes propriétaires l'un
et l'autre, vous sous condition suspensive, moi sous condition résolutoire.

Mais, dans ce cas je vous vends ma ferme, mais à la condition que la
vente sera résolue, si tel vaisseau arrive de Crimée, vous devenez propriétaire *hic et nunc* ; mais si la condition se réalise, vous êtes censé ne
l'avoir jamais été, et moi n'avoir jamais cessé de l'être : nous étions donc
propriétaires l'un et l'autre, vous sous condition résolutoire, moi sous
condition suspensive.

Nous voyons, par ce qui précède, que les *droits réels*, comme les *droits
personnels* peuvent être conditionnels ; c'est par inadvertance que le Code
n'en fait pas mention.

III. —

Avant de déterminer tout spécialement les effets de ces deux modali-
tés si importantes de la condition, nous allons en indiquer quelques autres, pour lesquelles une simple mention suffira. Le Code les divise en
trois espèces : la condition casuelle, potestative et mixte.

1o La condition casuelle est celle, d'après la définition même de la loi,
qui dépend uniquement du hasard, et qui n'est nullement au pouvoir du
créancier ni du débiteur : je vous vendrai mon vin, si cette année la
récolte est abondante. Néanmoins, la condition subordonnée à la volonté
d'un tiers est considérée comme casuelle.

2º La condition potestative est celle qui fait dépendre l'exécution de la convention d'un événement qu'il est au pouvoir des deux parties de faire arriver ou d'empêcher : je vous vends ma maison, si je vais à Paris. Il ne faut pas confondre la condition potestative mentionnée dans l'article 1170 avec la condition appelée par les auteurs purement potestative, et dont parle le Code à l'art. 1174, qui rend nulle toute obligation contractée sous condition potestative de la part du débiteur.

En effet, il y a deux sortes de conditions potestatives. La première, contenue dans les termes de l'article 1170, est mélangée de quelque accident ; elle dépend d'un événement qu'il appartient, sans doute, au débiteur de faire arriver ou d'empêcher, mais néanmoins le force à s'imposer un sacrifice, s'il veut s'affranchir de l'obligation. En effet, servons-nous de l'exemple précédent : je vous vends ma maison, si je vais à Paris. Je suis obligé valablement et sérieusement, sous condition suspensive, et ce n'est qu'en m'abstenant du voyage de Paris auquel peut être attaché pour moi quelque avantage, que je parviens à me soustraire à l'obligation.

Quant à la seconde, exprimée à l'art. 1174, elle est nulle, aux termes mêmes de la loi ; car il est de l'essence des contrats, qu'il y ait un lien de droit, et la loi suppose que la condition est abandonnée à la pure volonté du débiteur : *si voluero*.

Remarquons cependant que, si la loi rend nulle l'obligation contractée sous condition purement potestative de la part du débiteur, elle laisse subsister celle qui est purement potestative de la part du créancier. Ainsi, par exemple, je vous vends ma maison, si vous voulez me l'acheter dans trois mois à partir de ce jour. Evidemment, je suis valablement obligé, tandis qu'il dépend entièrement de votre volonté, aux termes fixés, d'annuler la vente ou de la laisser subsister.

3º La condition mixte est celle qui dépend à la fois de la volonté d'une des parties contractantes et de la volonté d'un tiers : je vous fais mon légataire, si vous épousez ma nièce.

Quelques auteurs divisent les conditions en positives et négatives.

2

Positives , quand elles consistent dans le cas où un événement arrivera.

Négatives, quand elles consistent dans le cas où un événement n'arrivera pas.

IV.

Des conditions licites , impossibles ou contraires aux lois et aux bonnes mœurs.

La loi rend nulle la condition positive d'une chose impossible , contraire aux lois et aux bonnes mœurs. Dans le premier cas, la loi a basé sa disposition sur la supposition que les parties n'ont pas pu s'engager sérieusement ; il est en effet contraire à la raison que deux parties aient mis pour condition d'un contrat une chose que l'on sait ne devoir jamais arriver. Par exemple , je vous vends ma maison à un tel prix , si vous arrêtez le soleil. Dans le second cas , elle a basé sa disposition sur l'immoralité de la chose elle-même, et en ne permettant pas au stipulant de profiter d'une convention contraire aux lois et aux bonnes mœurs, le législateur n'a pas voulu le placer dans l'alternative d'un lucre ou d'une transaction à l'égard des lois et de l'honneur. Cependant , il est nécessaire de faire remarquer ici que si la convention soumise à une condition impossible est nulle dans les contrats à titre onéreux , la loi en a décidé tout autrement en matière de libéralité ; car l'art. 900 répute non écrites les conditions impossibles ou contraires aux lois et aux bonnes mœurs ; la disposition est censée faite purement et simplement. La loi établit une différence en ce qui touche la condition impossible négative ; l'impossibilité du fait n'annulle pas l'obligation , la condition est alors réputée non écrite , et l'obligation devient pure et simple.

Autrefois c'était une question controversée que de savoir si la condition pouvait être accomplie *per œquipollens* ou *in formâ specie*. Le Code a tranché cette question , en décidant qu'il ne fallait pas s'attacher au sens littéral des mots , mais qu'on devait uniquement se borner à rechercher l'intention des parties.

Pour ce qui concerne l'accomplissement des conditions , il importe de distinguer si elles renferment un temps ou non fixe dans lequel elles doivent être accomplies : dans le premier cas , lorsqu'elle est positive , c'est-à-dire lorsqu'une obligation a été contractée sous la condition qu'un événement arrivera : elle est défaillie lorsque le terme est expiré sans que l'événement soit arrivé. Exemple : Je vous donne 100 fr. si tel navire arrive dans un mois ; le navire n'arrive pas dans ce délai , la condition est défaillie. Elle l'est également lorsqu'il est certain que l'événement n'arrivera pas. Exemple : Je vous donne 100 fr. si tel vaisseau arrive ; nous apprenons qu'il a péri , la condition est défaillie. Lorsque la condition est négative , elle est accomplie lorsque le terme fixé s'est écoulé sans que l'événement ait eu lieu. Par exemple : Je vous donne 100 fr. si dans trois mois tel vaisseau n'arrive pas ; les trois mois sont écoulés , le vaisseau n'arrive pas , la condition est accomplie. Dans le second cas où le terme n'a pas été stipulé , que la condition soit positive, soit négative, elle peut être accomplie en quelque temps que ce soit. Elle n'est défaillie qu'autant qu'il devient certain qu'elle ne se réalisera pas. Je vous ai promis 100 fr. si tel vaisseau arrive ; le vaisseau arrive 20 ans après le contrat , la condition est accomplie. Dans le second cas , je vous donne 100 fr. si tel vaisseau n'arrive pas ; il arrive 10 , 20 ans après le contrat , la condition est défaillie.

Comme la bonne foi doit régner dans les contrats , le législateur a réputé accomplie toute condition , lorsque le débiteur obligé sous cette condition , en a empêché l'accomplissement.

V.

Des effets de la condition suspensive.

Nous avons déjà déterminé la nature de cette condition, voyons quels sont ses effets :

Nous établirons deux distinctions dans les effets de la condition suspensive. Observons d'abord si la condition est encore en suspens , ou bien , si elle est réalisée.

Dans le premier cas , la convention confère au créancier un droit qui fait partie de ses biens , mais ce droit n'est autre chose que l'espérance de l'obligation *spes debitum iri*, il est irrévocable , quoique éventuel ; la loi, dans l'article 1179 , regarde cette espérance comme un droit faisant partie des biens personnels du créancier , puisque, s'il vient à mourir, ses héritiers en sont saisis , et bien plus , il peut le céder, de son vivant, comme faisant partie intégrante de son patrimoine. Aussi , d'après l'article 1180 , il est autorisé à faire *pendente conditione* tous les actes conservatoires, faire inscrire dès à présent l'hypothèque qui a été consentie pour sa sûreté. Par exemple.

Néanmoins , il ne faut pas confondre les actes conservatoires avec les actes d'exécution ; il est évident que le débiteur n'a pas entendu conférer au créancier le droit d'exécuter ; ainsi , celui-ci ne pourrait faire des saisies avant l'accomplissement de la condition. Cependant , Duranton et M. Valette donneraient au créancier la faculté de requérir l'apposition des scellés.

Dans le second cas , c'est-à-dire, quand la condition était accomplie , la loi lui donne un effet rétroactif au jour auquel l'engagement a été contracté. Les choses se passent alors comme si l'obligation avait été pure et simple dans son principe , de même que si elle vient à défaillir, elle est considérée comme n'ayant jamais existé. Il résulte donc : 1° que toutes les charges ou hypothèques consenties par le possesseur *pendente conditione*, sont anéanties comme ayant été établies sur la chos e d'autrui.

2° Que le débiteur est tenu de délivrer la chose avec tous les accrois-sements qu'elle a reçus pendant que la condition était en suspens.

Un exemple suffira pour jeter plus de clarté sur ces développements. Je vous vends ma ferme sous condition suspensive. La condition se réalise, toutes les hypothèques, servitudes consenties par moi *pendente conditione* tombent comme établies à *non domino*, la condition vient-elle à défaillir, c'est le contraire qui a lieu.

Quant à la perception des fruits *pendente conditione*, ils appartiennent à l'aliénateur, suivant quelques auteurs, car la rétroactivité s'applique seulement aux choses de *droit*; elle a pour but d'empêcher que l'aliéna-tion de la chose due, ou le grèvement de charges et d'hypothèques sur l'immeuble ne soit préjudiciable à l'acquéreur ; ainsi, en s'appuyant sur ces raisonnements, ils décident que l'acquisition des fruits par la percep-tion est une chose de fait que ne saurait effacer l'accomplissement de la condition.

De la perte de la chose due et des détériorations qu'elle a pu subir pendente conditione.

Le Code Civil, dans l'article 1182, fait trois distinctions ?

1° *Quid juris.* Si la chose est entièrement périe par cas fortuit ?

2° Si la chose a péri partiellement, sans la faute du débiteur ?

3° Si la chose s'est seulement détériorée par la faute du débiteur ?

1° — *De la perte totale de la chose.*

Dans le premier cas, si la perte totale de la chose a eu lieu sans la faute du débiteur, la loi décide que l'obligation est éteinte. Cette dispo-sition est parfaitement naturelle. De quelle manière, en effet, l'acheteur a-t-il voulu s'engager ? A donner un prix en échange d'une chose dont la propriété lui est promise sous condition suspensive. Quoiqu'au moment du contrat il naisse un droit qui consiste dans l'espérance de posséder, ce n'est pas cependant l'espoir de ce droit qu'il a voulu acquérir, en échange du prix, c'est l'acquisition du droit lui-même qu'il a stipulé : or, la chose qui faisait l'objet du contrat a péri ; ainsi donc, de même que l'obligation du vendeur n'a pu naître faute d'objet, de même aussi celle de l'acheteur n'a pu exister faute de cause. Il ne peut pas être question ici de rétroactivité, la rétroactivité comme l'obligation n'ayant plus d'objet

2o *Des détériorations survenues par cas fortuit.*

Le Code, dans cette disposition , fait une dérogation au principe du Droit Romain et de notre ancienne jurisprudence, qui exigeaient que les détériorations survenues à la chose *pendente conditione* fussent supportées par le créancier , en compensation des améliorations dont il aurait profité. Il a complétement abandonné ce système , et en a adopté un tout favorable à l'acheteur, qui est entièrement opposé à la justice naturelle ; ainsi il a établi que le créancier avait le droit ou de résoudre l'obligation, ou d'exiger la chose dans l'état où elle se trouve , sans diminution de prix. En conséquence , il lui accorde, suivant son intérêt, la faculté d'opter entre le maintien du contrat ou sa résolution.

C'est ce droit d'option même qui est en contradiction avec les principes de la rétroactivité , et en opposition avec la maxime : *Quem sequuntur commoda, eumdem sequi debent incommoda.*

3o *De la perte totale ou partielle arrivée par la faute du débiteur.*

Le texte de la loi est formel dans ce troisième cas. Comme il n'est pas juste que le créancier soit tenu des négligences du débiteur , le Code lui accorde le droit de demander le maintien du contrat avec une diminution de prix , ou la résolution du contrat avec des dommages-intérêts.

VI.

De la condition résolutoire.

Après avoir défini la nature de la condition résolutoire, nous allons l'examiner dans ses effets.

La condition résolutoire rend l'obigation parfaite dès l'instant du contrat, c'est la révocation de l'obligation et non ses effets qu'elle tient en suspens.

Ainsi, comme dans une obligation pure et simple le vendeur est obligé de livrer la chose vendue, l'acheteur d'en payer le prix, la mutation est opérée *hic et nunc* dès l'instant du contrat.

Si l'événement n'arrive pas, le droit transféré devient incommutable. Dans le cas contraire, si la condition se réalise, la résolution est opérée d'une manière rétroactive; ainsi l'acheteur sera obligé de rendre la chose avec tous ses accroissements libres et quittes de toutes charges provenant de son chef, *pendente conditione*, le vendeur d'en restituer le prix, si l'exécution du contrat a eu lieu avant l'accomplissement de la condition; ainsi chacune des parties étant obligée de rendre ce qu'elle a reçu, les choses rentrent dans le même état où elles se trouvaient auparavant; et le vendeur qui avait cessé d'être propriétaire, est considéré comme l'ayant toujours été, et l'acheteur qui l'était devenu, est réputé au contraire ne l'avoir jamais été.

Que déciderons-nous à l'égard des risques ?

Nous avons expliqué précédemment que dans une condition suspensive on supposait nécessairement l'existence d'une condition résolutoire et *vice versâ*; nous n'avons besoin ici que de faire l'application de ces principes; or, aux termes de l'art. 1182, les risques d'une chose aliénée sous condition suspensive, sont à la charge du débiteur.

Ainsi, dans une vente sous condition résolutoire, si la chose périt entièrement *pendente conditione*, elle périt pour le propriétaire sous condition résolutoire, c'est-à-dire pour l'acheteur, et il ne peut répéter le remboursement du prix.

Si la perte n'est que partielle et par cas fortuit, l'acheteur demeure à la disposition du vendeur, qui a le choix ou de reprendre la chose telle qu'elle est, sans diminution de prix, ou bien de garder le prix entre ses mains en laissant la chose détériorée entre les mains de l'acheteur. Si ce dernier est en faute, il doit des dommages-intérêts.

L'art. 1184 s'occupe de la condition résolutoire implicitement contenue dans tout contrat synallagmatique.

La loi s'occupe ici d'une résolution *facultative*; elle suppose, en effet, que si l'une des parties ne satisfait point son engagement, l'autre partie n'est point tenue d'exécuter le sien; il est bien évident que la loi n'a pas voulu accorder à chacune des parties le droit de refuser l'exécution du contrat, et provoquer par cela seul sa résiliation; non, elle suppose seulement que l'une des partie, exécutant son engagement ou étant prête à l'exécuter, elle a le droit ou de demander la résolution du contrat avec dommages-intérêts, ou son maintien, si l'autre partie se refuse à l'exécuter de son côté.

La résolution dans les contrats synallagmatiques se produit-elle de plein droit, comme dans les conditions ordinaires?

Le législateur a regardé comme contraire à l'équité la résolution de plein droit dans les contrats synallagmatiques, et a voulu que le fait de l'inexécution de la convention soit soumis à l'appréciation des juges.

Le débiteur, en effet, peut avoir été empêché dans l'exécution de son obligation par des circonstances malheureuses.

La justice, par conséquent, doit être consultée pour établir ou la mauvaise foi et la négligence du débiteur, ou bien constater par quel concours de circonstances malheureuses, le débiteur s'est mis en demeure d'exécuter son engagement.

Dans le premier cas, les juges doivent prononcer la résolution de l'obligation.

Dans le second, ils doivent lui accorder un délai.

Voilà ce qui explique la différence de la condition résolutoire ordinaire, et de la condition résolutoire implicitement contenue dans les contrats synallagmatiques.

La première a lieu de plein droit ; c'est l'inverse dans la seconde.

Cependant les parties peuvent convenir d'une manière expresse que le contrat sera résolu de plein droit.

Il semblerait au premier abord, par cette disposition, que si le débiteur ne paie pas au terme convenu, la résolution a lieu de plein droit. Non ; la loi a obligé le créancier dè faire sommation de paiement au débiteur ; alors seulement le contrat sera résolu si, au moment de la sommation ou le jour même, le débiteur ne paie pas.

Cependant la sommation est inutile, si on est convenu que la résolution du contrat aura lieu sans sommation, immédiatement après l'époque fixée. Dans la pratique, ces clauses sont connues sous le nom de pacte commissoire.

CHAPITRE II.

Des libéralités conditionelles.

Nous allons maintenant étudier les libéralités conditionnelles dans leurs points de différence et de similitude avec les contrats conditionnels.

I.

Différence entre les legs et les contrats conditionnels.

1° Dans les legs, les conditions impossibles ou contraires aux lois ou aux bonnes mœurs, sont réputées non écrites ; elles sont nulles dans les contrats à titre onéreux.

3

La loi a basé cette disposition sur ce motif que dans les contrats à titre onéreux, la stipulation d'une part, de l'autre l'acceptation d'une condition immorale, entraînant nécessairement la culpabilité du créancier et du débiteur, n'a pas voulu, en conséquence, laisser les parties engagées par un faux point d'honneur, et les a punies l'une et l'autre en annulant également et la condition et le contrat, à l'adoption de laquelle elles avaient participé toutes les deux. Dans les libéralités, au contraire, le législateur a annulé la condition et a laissé subsister l'œuvre de la volonté du testateur, il n'a pas voulu supposer que des conditions ridicules ou immorales fussent sérieuses, et en ne considérant que le but principal du disposant, la loi a voulu le punir, en annulant la condition et en laissant subsister la libéralité en faveur du donataire, qui dans ce cas, n'a pas pu participer à l'adoption de la condition.

2° Dans le legs, le *dies incertus* peut servir de condition.

Dans les contrats, le *dies incertus* n'est qu'un terme.

Dans le premier cas, la loi a admis le *dies incertus* comme condition, parce que la libéralité n'a été faite que pour le cas de survie du légataire au testateur et que le legs est caduc s'il meurt avant le disposant.

Dans les contrats, au contraire, nous avons expliqué qu'un événement certain, quoique futur, est entièrement opposé à la nature même de la condition.

3° La *spes*, dans un legs conditionnel, n'est pas transmissible aux héritiers d'un légataire.

On l'admet dans les contrats conditionnels. La raison de cette différence est que le testateur ne considère que la personne du légataire et ne songe nullement à ses héritiers.

Dans les contrats, chacune des parties stipule ou pour elle ou ses héritiers.

II.

Différence entre les libéralités entre-vifs et les contrats à titre
onéreux conditionnels.

Quelques auteurs ont rendu cette théorie des libéralités testamentaires
conditionnelles commune aux donations, d'autres ont établi un autre
système, et ont préféré assimiler sous ce rapport les libéralités entre-vifs
aux contrats à titre onéreux.

Lequel des deux systèmes nous paraît préférable ?

Le premier système nous paraît le plus rationnel.

En effet, s'il est convenu qu'en *droit* on doive appeler une donation un
contrat, parce qu'il nécessite le concours de deux volontés exprimées
par les parties, il est bien évident qu'en fait la donation est le résultat
du donateur seul, et que le donataire n'accepte les conditions que dans
la crainte de ne pouvoir profiter de la libéralité du donateur s'il vient à
les repousser ; or, un donataire ne participe pas plus en fait à une donation qu'un légataire ne participe au testament ; c'est donc le système qui
assimile les donations aux testaments que nous adoptons comme le plus
conforme à la raison.

Il est cependant une différence marquée entre le légataire et le donataire conditionnel, c'est que le premier ne peut pas faire d'actes conservatoires, tandis que la loi, comme en matière d'obligations conditionnelles,
autorise le second à employer des mesures qui doivent sauvegarder ses
droits ; nous avons plus haut donné le motif de cette disposition.

III.

De la condition potestative dans les donations et les contrats à titre onéreux.

Deux systèmes sont suivis pour la théorie de la condition potestative ; les uns soumettent la condition potestative dans les donations, à la même règle admise dans les contrats à titre onéreux, en se basant sur le texte de l'article 944 par argument *à contrario*. En effet, la loi déclare dans cet article que toute donation qui ne dépend que de la seule volonté du donateur est nulle; c'est admettre indirectement les conditions potestatives du débiteur, pourvu qu'elles ne soient pas purement potestatives, c'est le système que nous admettons ; car, toute donation purement casuelle ne contrarie en rien la maxime donner et retenir ne vaut, et le principe que le donateur doit se dépouiller actuellement et irrévocablement.

Après avoir comparé les effets différents des conditions dans les contrats à titre onéreux et les libéralités, soit entre-vifs, soit testamentaires, nous allons encore présenter quelques applications de la théorie des conditions à la nature des donations mentionnées dans le Code Napoléon sous le titre d'exceptions à la règle d'irrévocabilité des donations entre-vifs.

En d'autres termes, nous allons étudier la condition résolutoire dans ses applications avec les libéralités entre-vifs.

Le Code mentionne dans le texte de l'art. 953, trois causes de révocations des donations.

Ces causes de révocation sont : 1º l'inexécution des conditions ; 2º l'ingratitude du donataire ; 3º la survenance d'enfants, si le donateur n'avait aucun enfant vivant au moment de la donation.

I.

1re APPLICATION. — *De la révocation pour cause d'inexécution des charges.*

Y a-t-il similitude entre cette condition résolutoire de l'art. 953 et la condition résolutoire tacite qui existe dans tout contrat synallagmatique? ou bien, en d'autres termes, si le donateur a le droit de demander la résolution de la donation pour cause d'inexécution des charges de la part du donataire, est-il également autorisé à maintenir la donation et à forcer le donataire à l'exécution des charges?

Il y a deux systèmes :

Le premier que nous adoptons, examine le but des parties dans une donation.

Le motif déterminant du donateur n'est autre chose qu'une gratification qu'il fait au donataire, les charges ne sont que l'idée secondaire, et ne viennent qu'accessoirement ; ce serait évidemment dénaturer la volonté des parties que d'assimiler la donation à un contrat à titre onéreux.

Dans le second système, on veut rendre la donation obligatoire, même pour le donataire, en se basant sur le sens de l'art. 963.

A partir de quel moment la donation est-elle révoquée?

L'art. 956 nous apprend qu'elle n'aura jamais lieu de plein droit.

La révocation n'a lieu que sur la demande du donateur prononcée en justice.

Ainsi, supposons que le terme fixé pour l'exécution des charges soit passé, la donation existe toujours. La sommation par huissier a été faite, elle est restée sans effet, la donation existe encore, elle ne sera même pas révoquée après la demande du donateur formée contre le donataire, pour cause d'inexécution des charges. Elle ne sera révoquée que lorsque, sur la demande du donateur, elle aura été prononcée en justice.

Il n'est pas nécessaire, pour les juges, de prononcer immédiatement la révocation. La loi les autorise à accorder un délai aux donataires s'ils le jugent convenable; ce n'est que lorsque le donataire a laissé passer ce délai de grâce sans exécuter, et que le donateur demande la révocation, que le tribunal est obligé de la prononcer.

Néanmoins, la convention des parties peut modifier ces règles, en stipulant, par exemple, que si, à une époque déterminée, les charges n'ont pas été exécutées, la révocation, dans ce cas, ne résulte pas immédiatement de l'inexécution des charges, et ce n'est que quand une sommation aurait été faite au donataire que le tribunal sera dans l'obligation, si cette sommation n'est immédiatement suivie d'exécution, de prononcer la révocation ; que si maintenant les parties ont stipulé que la révocation aurait lieu par la seule échéance du terme et sans sommation (art 1129), la donation est alors révoquée d'une manière parfaite après l'expiration du terme fixé pour l'exécution des charges, et le donataire ne peut plus utilement, même en les exécutant, empêcher la révocation.

L'action en révocation appartient : 1o au donateur ; 2o à ses héritiers ; 3o à ses créanciers, en vertu de l'art. 1166. Elle peut être exercée : 1o contre le donataire ; 2o contre ses héritiers. Elle se poursuit par un laps de temps de 30 ans, et contre le tiers-détenteur, par 30, 20, 10 ans, suivant les distinctions du Code.

L'action en résolution se prescrit par 30 ans, et qu'on n'oppose pas l'art. 1304, car il ne s'agit pas de demander l'annulation d'un contrat, il s'agit, au contraire, d'en invoquer la validité.

De la nature de la révocation pour cause d'inexécution des conditions.

L'inexécution des charges n'est rien autre chose qu'une condition résolutoire implicite du contrat de donation ; cette condition résolutoire doit avoir, par conséquent, les effets qu'elle a dans les contrats ordinaires ; d'où nous concluons que la donation est anéantie, non-seulement pour l'avenir, mais même *dans le passé*, aux termes de l'art. 1183, qui attribue cet effet énergique à toute condition résolutoire, par conséquent, les biens donnés doivent rentrer dans les mains du donateur, libres de toutes charges imposées par le donataire.

Comme nouvelles conséquences de ces principes, il faut admettre que le donataire devra restituer les fruits perçus avant comme après la demande en révocation.

II.

De la révocation pour cause d'ingratitude.

L'ingratitude, principe de la révocation des donations, ne constitue pas, à proprement parler, une condition résolutoire de ces sortes de libéralités ; aussi la donation n'est-elle pas révoquée dans le sens absolu du mot ; ses effets ne sont point anéantis dans le passé ; c'est une peine pour le donataire qui agit seulement pour le présent et pour l'avenir ; c'est une condition résolutoire imparfaite.

Le Code détermine les faits qui constituent l'indignité ; ils sont au nombre de trois :

1o Si le donataire a attenté à la vie du donateur ;

2o S'il s'est rendu coupable envers lui de délit, sévices ou injures graves ;

3o S'il refuse des aliments.

La révocation pour cause d'ingratitude, n'a pas lieu de plein droit. Cette révocation est considérée comme une réparation accordée au donateur des injures à lui faites par le donataire. La loi aussi lui accorde le droit d'infliger une peine à celui qui se montre si peu reconnaissant des bienfaits dont il l'a comblé. Mais s'il a la faculté de punir, il a le droit de pardonner, par cela même de renoncer au bénéfice de la révocation.

La révocation pour cause d'ingratitude, dépend donc entièrement de la volonté du donateur ; et les juges doivent prononcer la révocation sur la demande du donateur, dès que l'ingratitude est pour eux parfaitement établie.

Des effets de la révocation pour cause d'ingratitude.

Les effets de la révocation pour cause d'ingratitude diffèrent essentiellement des effets provenant de la révocation póur cause d'inexécution des charges.

Que remarquons-nous en effet dans la seconde question déjà développée plus haut ? L'application de la condition résolutoire dans toute sa rigueur ; l'effet rétroactif fait disparaître la donation dans le passé comme dans l'avenir, les droits des tiers sur la chose donnée du chef du donataire, sont anéantis entièrement, et la règle *resoluto jure dantis, resolvitur jus accipientis* reçoit ici toute son application.

Dans le cas de révocation pour cause d'ingratitude, au contraire, il existe bien une condition résolutoire, mais bien mitigée et bien imparfaite.

Le donataire est le seul coupable ; il doit être puni, tandis que les tiers conserveront tous leurs droits acquis sur la chose donnée, à partir d'une époque à laquelle le donataire ne pourra plus disposer des choses qu'il est tenu de restituer. La loi, dans l'art. 958, nous fixe ce moment lorsqu'elle annulle toutes les charges imposées sur l'objet de la donation, et les aliénations du chef du donataire, quand elles ont été faites postérieurement à l'inscription de l'extrait de la demande en révocation en marge de la transcription sur le registre du conservateur des hypothèques, parce que c'est en effet seulement alors que la demande en révocation a été rendue publique et qu'elle a été connue des tiers. Ce n'est aussi que jusqu'à ce moment que les droits des tiers conférés par le donataire seront maintenus.

Ce système de publicité s'applique exclusivement aux immeubles. A partir de quel moment la révocation deviendra-t-elle opposable aux tiers pour les meubles ? Nous admettrons, conformément aux décisions de l'ancienne jurisprudence, que les effets de la révocation doivent remonter aux effets de la demande, et que si le donataire avait vendu, mais non livré un meuble depuis la demande en révocation, cette vente ne pourra avoir effet contre le donateur ; si, au contraire, le meuble a été *livré*, ce fait doit modifier la décision précédente : car l'acheteur, s'il est de bonne foi, est protégé par la maxime : en fait de meubles, possession vaut titre. Quant à la restitution des fruits, le donataire est obligé de les rendre à partir du jour de la demande en révocation.

La loi fixe le délai d'une année au donateur pour sa demande en révocation pour cause d'ingratitude, à compter du jour où l'ingratitude a pu être connue de lui.

Le donateur seul est admis à intenter cette demande contre le donataire seul personnellement, et si les héritiers du donateur ont quelquefois ce droit, la loi ne le leur accorde que dans le cas où le donateur serait mort dans l'année du délit, ou bien lorsque la demande en révocation aurait déjà été formée contre le donataire.

Nous devons ici prévoir plusieurs cas.

1o Le donateur est vivant et le donataire est décédé. Dans ce cas, la demande en révocation ne peut point être intentée contre les héritiers du donataire, en admettant même que l'on soit dans les délais fixés par la loi.

Si cependant la demande avait été formée avant la mort du donataire, nous pensons, avec l'ancienne jurisprudence, qu'elle ne serait point éteinte par son décès; que, par consent, elle pourrait être continuée contre les héritiers. Cette solution cependant est controversée.

2o Si le donateur est décédé et le donataire est vivant; malgré le principe admis par notre Code de la *personnalité* du droit de révocation, les héritiers du donateur pourront exercer la demande en révocation, si elle a déjà été intentée par le donateur, ou s'il est décédé dans l'année du délit.

Des donations qui ne sont point révocables pour cause d'ingratitude.

Les donations faites en faveur du mariage sont les seules irrévocables pour cause d'ingratitude. Ni les donations rémunératoires, ni les donations mutuelles; c'est-à-dire celles que deux personnes se font réciproquement l'une à l'autre, par un seul et même contrat, ne font nullement exception à la règle qui établit la révocation des donations pour cause d'ingratitude.

III.

De la révocation des donations pour cause de survenance d'enfants.

Les motifs de cette révocation, comme nous l'apprend Poth., se basent sur cette raison, que celui qui a fait une donation au moment où il n'avait pas d'enfants, n'a fait une semblable disposition que dans la persuasion qu'il n'en aurait jamais; et cette présomption est si grande, que, dans l'art. 965, la loi révoque toute donation, alors même que le donateur aurait déclaré renoncer au droit de révocation de la donation pour cause de survenance d'enfants. Cette disposition est entièrement basée sur la nature, car il est possible que la donation n'aurait pas eu lieu, si l'on avait connu le sentiment de la paternité, et la tendresse qu'un père et une mère éprouvent pour leurs enfants.

L'origine de cette révocation nous vient du Droit Romain; on la trouve dans Justinien, à la loi 8 du titre *de revocandis donationibus*. On l'appelle la loi *Si unquàm*, parce qu'elle commence par ces mots.

Deux conditions doivent concourir pour que la survenance d'enfants opère la révocation de la donation.

1° Il faut que le donateur n'ait pas eu d'enfants ou de descendants actuellement vivants à l'époque de la donation. 2° Qu'il survienne au donateur un enfant légitime ou un enfant naturel légitimé.

Pothier, dans l'usage vulgaire de parler, nous dit : Il suffit qu'une personne ait un enfant, pour qu'on ne puisse pas dire d'elle qu'elle n'a pas d'enfants. Ainsi, la survenance d'un second enfant ne révoquerait pas la donation, s'il en existe déjà un à l'époque où elle a été faite. Le législateur n'admet pas de degrés dans l'amour qu'un père doit avoir pour ses enfants, et il y a lieu de supposer que l'affection n'a pas été plus grande pour les enfants qui lui sont survenus depuis. La seule influence que la survenance d'un second enfant a sur la donation n'a trait qu'à la quotité disponible. Il est évident, en effet, que la réduction de la donation, au décès du donateur, diffère selon que celui-ci laisse plus ou moins d'enfants. Quoique la loi ne parle que de la survenance d'un enfant légitime, il faut prendre ici le mot enfant dans un terme générique, qui comprend toute la descendance; ainsi, la survenance d'un petit-enfant produira le même effet.

Il est nécessaire que l'enfant soit né après la donation, pour qu'il y ait lieu à révocation; ainsi, on ne doit pas considérer comme actuellement vivant, un enfant qui serait seulement conçu à l'époque de la donation, et sa naissance révoquerait indubitablement la donation faite dans le temps de la conception. Qu'entend-on par *survenance d'enfants* susceptible de révoquer la donation ?

Nous avons à faire diverses hypothèses à ce sujet.

Nous posons avant tout que l'enfant doit être légitime pour produire la révocation de la donation, car la survenance d'un enfant naturel ou d'un enfant adoptif ne révoquerait pas la donation; néanmoins, si l'enfant naturel est légitimé par mariage subséquent, sa légitimation est considérée comme une survenance d'enfant légitime; mais la révocation n'a lieu que tout autant que sa naissance et sa légitimation sont postérieures à la donation.

La naissance d'un posthume, c'est-à-dire d'un enfant né après la mort du donateur, emporte également révocation. Pothier en donne la raison, en disant que toute condition résolutoire ayant un effet rétroactif au jour du contrat, le père en mourant a laissé ce droit à l'enfant qui, quoique conçu à l'époque de la mort du donateur, est réputé né par la loi quand il s'agit de sauver ses intérêts.

Que dirons-nous maintenant de la présence d'un enfant naturel reconnu à l'époque de la donation s'il survient au donateur un enfant légitime, est-elle un obstacle à la révocation ?

C'est une question controversée, néanmoins la négative est généralement adoptée; car cet enfant ne compte pas dans la famille.

Doit-on considérer comme étant sans enfants à l'époque de la donation la personne dont l'enfant unique était alors absent ?

Il faut distinguer : si l'absence n'était pas encore déclarée au temps de la libéralité, la présomption serait pour la vie ; en conséquence le retour de l'enfant n'opérerait pas de révocation : il en serait autrement si l'absence avait été déclarée, car la présomption serait alors pour la mort.

Quid de la survenance d'un enfant né d'un mariage putatif ?

Nous devons distinguer : la donation faite par les époux l'un à l'autre : ou bien la donation est faite aux tiers.

Dans le premier cas, si les deux époux sont de bonne foi, la donation réciproque est révoquée ; si la bonne foi n'existe que d'un côté, la donation est révoquée en faveur de l'époux de bonne foi ; mais elle subsiste à l'égard de celui qui est de mauvaise foi, et d'après Dur. les enfants exerceront leurs droits après la mort de leur père et de leur mère comme s'ils étaient nés d'un mariage légitime ; car ce n'est pas de la légitimité du mariage que la loi fait dépendre la révocation, mais de la légitimité des enfants.

Dans le second cas, la donation serait révoquée si les deux époux étaient de bonne foi ; si le donateur était de mauvaise foi, la survenance d'enfants ne révoquerait pas la donation, car la révocation étant un droit établi dans son intérêt, il n'a pu acquérir ce droit en contractant un mariage illégitime.

Dans l'intérêt de qui a été introduite la révocation pour cause de survenance d'enfants ? Elle a été introduite dans l'intérêt du donateur seul, car, comme ledit Poth., la loi a voulu subvenir au défaut de prévoyance des gens qui n'ont pas d'enfants et qui se persuadent trop facilement qu'ils n'en auront point. En effet, tout nous le prouve. La donation révoquée revient aux mains du donateur, il peut ensuite en disposer comme bon lui semble, soit au profit du même donataire, soit au profit d'un tiers. Ainsi les enfants ne profitent de cette révocation, que tout autant qu'ils survivent au donateur, qu'ils acceptent sa succession ; faut-il encore que le donateur n'ait pas de nouveau disposé de ses biens.

Exceptions au principe de la révocation.

La loi fait exception au principe de la révocation des donations dans les trois cas suivants :

On dispense du rapport : 1o les petits présents de choses mobilières, les cadeaux de noces, parce qu'ils sont censés faits avec les revenus;

2o Les donations faites en faveur du mariage par les ascendans à un conjoint, disposition à peu-près inutile, parce qu'elle rentre dans le principe. En effet , l'ascendant ne peut pas dire qu'il n'avait pas d'enfants à l'époque de la donation ;

3o Les donations mutuelles entre conjoints ou par l'un seulement ; car à la mort du donataire les enfants retrouveront les biens donnés.

Des effets de la révocation pour cause de survenance d'enfants.

Nous voyons ici la condition résolutoire appliquée dans toute sa rigueur.

Ainsi, par l'effet de la rétroactivité, comme dans la réalisation de toute condition résolutoire , la survenance d'enfants remet les choses dans le même état que si la donation n'avait pas eu lieu, les biens reviennent au donateur francs et quittes de toutes charges : aliénations , hypothèques , servitudes, consenties du chef du donataire, sont entièrement anéanties.

De la restitution des fruits.

L'art. 962 accorde au donataire le droit de conserver les fruits jusqu'au jour de la révocation et même depuis jusqu'à ce que la survenance de l'enfant lui ait été notifiée par exploit ou autre acte en bonne forme , lors même que la demande pour rentrer dans les biens donnés n'aurait été formée que postérieurement à cette notification.

Cette notification n'est faite que dans le but de constituer le donateur dans un état de mauvaise foi et l'empêcher de rendre siens des fruits qui ne lui appartiennent plus.

Comment s'opère la révocation de la donation pour cause de survenance d'enfants ? Cette révocation est opérée de plein droit dès l'instant de la naissance de l'enfant ; elle est révoquée, à un point, qu'aux termes de l'article 964 un acte confirmatif ou de renonciation à la révocation serait sans effet ; et si le donateur voulait se dépouiller de nouveau, il serait obligé d'employer toutes les formes prescrites par les dispositions à titre gratuit ; ainsi, c'est l'application pleine et entière de la condition résolutoire, puisqu'elle a pour but de favoriser le donateur seul , et que les objets dont il avait disposé rentrent tous dans ses mains.

Différences de la révocation pour cause d'inexécution des conditions et pour cause de survenance d'enfants.

1° Révocation pour cause d'inexécution des charges. — La donation est seulement révocable. La révocation n'a jamais lieu de plein droit. Elle n'a lieu que sur la demande du donateur prononcée en justice.

La donation existe toujours, quoique le terme fixé pour l'exécution soit passé.

De là la nécessité d'une sommation par huissier. Elle est restée sans effet, la donation existe encore. Demande formée contre le donataire par le donateur pour l'inexécution des charges. La révocation n'a pas lieu encore. Nécessité de la faire prononcer en justice dans le délai de grâce accordé par les juges. Enfin, obligation du tribunal de faire prononcer la révocation, si à l'expiration du délai, les charges n'ont pas été exécutées.

Faculté de la part du donateur de renoncer à la demande en révocation, par suite, droit accordé au donateur seul de faire cette demande. Les tiers intéressés ne sont pas admis à l'invoquer et n'ont qualité à cet effet que si le donateur l'a lui-même fait prononcer en justice.

2o Révocation pour cause de survenance d'enfants — La donation *est* révoquée *hic et nunc*. La révocation a lieu de plein droit. Le tribunal n'est pas dans le cas d'apprécier, ni de prononcer la révocation; il vient la constater et forcer le donataire à restituer la chose donnée.

La donation est révoquée malgré le donateur par la survenance d'un enfant; il n'a donc pas, comme pour l'inexécution des charges, la faculté de laisser subsister la donation ou de demander la révocation; il est forcé à subir malgré lui les dispositions de la loi d'une manière formelle et irrévocable.

Toutes les personnes intéressées ont le droit, avant même que le donateur ait formulé sa demande, d'invoquer la révocation de la donation, parce qu'ayant lieu de plein droit, ses effets sont anéantis pour le passé comme pour l'avenir, de la manière la plus absolue.

De la prescription de la donation révoquée pour cause de survenance d'enfants.

Aux termes de l'article 966, la donation étant anéantie pour cause de survenance d'enfant au donateur, le donataire et ses héritiers ne pourront opposer que la prescription trentenaire pour la faire valoir; il résulte de ces termes que la prescription de trente ans ne constitue pas pour le donataire un nouveau titre; il reste donataire, et par conséquent soumis au rapport et à la réduction. La loi ajoute que la prescription ne pourra commencer à courir que du jour de la naissance du dernier enfant du donateur, même posthume.

Cette disposition est bizarre sous plusieurs rapports.

La survenance d'un enfant révoque la donation, le donateur recouvre dès-lors la propriété de l'immeuble, il peut aliéner et par conséquent laisser acquérir sur cet immeuble des droits par prescription, le donataire maintenu en possession ne jouira pas de cet avantage. S'il survient au donateur un nouvel enfant, la prescription accomplie sera comme non-avenue à son égard, il faudra recommencer à prescrire. Aux termes de l'art. 2265, les tiers acquéreurs peuvent prescrire par dix et vingt ans ; dans notre espèce, la prescription est toujours de trente années, et quoique la révocation de la donation date de la naissance du premier enfant, la prescription ne court que du jour de la naissance du dernier. Ces dérogations aux règles du droit commun sont fort regrettables sans doute, mais c'est une faveur que la loi accorde à la paternité.

Procédure Civile.

Des ajournements. — Des actions en général. — Du tribunal où se portent les actions.

(Art. 59, 60.)

I.

Notions des ajournements.

Après l'essai de conciliation, dont le résultat n'a pas été favorable, il devient nécessaire d'appeler son adversaire devant le tribunal compétent, pour connaître de la demande. Ce recours aux juges a lieu par la citation, qui est le point de départ de l'instance.

D'après ces quelques données, nous pourrons définir l'ajournement un acte signifié par huissier, dans lequel le demandeur appelle l'autre partie, qu'on nomme défendeur, à comparaître, dans un délai déterminé, devant le tribunal compétent, pour connaître de la demande.

Nous n'avons pas ici à nous occuper des formalités matérielles de l'acte d'ajournement, et des diverses solennités prescrites pour en assurer la remise, non plus que des délais qui doivent y être indiqués : nous n'avons qu'à déterminer quel est le tribunal compétent, suivant la nature de chaque action.

Le Code, dans l'art. 59 , nous apprend que le défendeur sera appelé devant tel tribunal, selon qu'il s'agit d'une action *personnelle*, *réelle* ou *mixte*. Avant d'examiner les raisons qui ont décidé le législateur à régler la compétence du tribunal d'après le caractère que revêtent ces trois actions, donnons une idée exacte sur les diverses natures de ces actions.

II.

Des actions en général.

Parmi les diverses classes d'actions, reconnues par notre Droit, il en est trois qui ont servi de base à la détermination de la compétence des tribunaux civils : ce sont les actions *personnelles*, *réelles* et *mixtes*, dénomination empreinte de Droit Romain et qu'il faut tâcher de définir.

On entend, par action *personnelle*, celle par laquelle on prétend qu'on a une telle personne déterminée pour obligée, quand, agissant en vertu d'une obligation, on invoque un rapport de personne à personne, de créancier à débiteur, en indiquant le défendeur contre lequel on prétend avoir directement un droit ; ici l'obligation est essentiellement relative.

5

L'action *réelle*, au contraire, est absolue ; elle est indépendante de toute idée d'obligation de la part du défendeur ; il ne s'agit plus d'un rapport de personne à personne, mais de personne à chose, c'est la chose ici qui est principalement affectée et qui est due, indépendamment de tout défendeur. De là , les Romains avaient donné aux actions *réelles* la dénomination d'*actiones in rem*, comme opposables, *generaliter*, contre tout détenteur. Dans l'action *réelle*, le demandeur établit un rapport absolu entre lui et la chose, *hœc res est mea* indépendamment de telle ou telle personne déterminée.

Il est d'autres actions qu'il importe de distinguer et d'en bien définir le sens , je veux parler des actions *mobilières* et *immobilières*, que l'on confond habituellement avec les actions *personnelles* et *réelles ;* cette erreur repose sur une cause qu'il est facile de saisir.

Dans notre Droit actuel , lorsqu'une action *personnelle* a pour but une chose *immobilière*, il arrive, presque toujours, qu'à côté d'elle se présente une action *réelle*, par exemple dans la vente et dans plusieurs autres contrats ; à raison de ce fait, on a confondu action *réelle* et *immobilière* et on s'est habitué à regarder comme synonymes ces deux actions qui forment cependant un caractère distinct et tout à fait séparé. Réciproquement, il y a des actions *réelles* qui ont pour but des meubles ; ainsi, par exemple , un meuble que j'avais égaré se trouve dans vos mains, j'agis contre vous pour le réclamer, mon action est *réelle* ; car ce n'est pas en vertu d'une obligation , d'une créance, que mon action est poursuivie, mais d'un droit de propriété ; ainsi, cette action est *réelle* quoique *mobilière*, mais cette action, qui a pour but de réclamer le meuble, étant soumise à la règle de compétence des actions *personnelles*, a pu autoriser la confusion que nous avons signalée.

Comme on le voit, ces actions semblent au prime abord coïncider l'une avec l'autre , mais l'on s'aperçoit facilement, après analyse, que cette division des actions *mobilières* et *immobilières* est tout à fait indépendante de la division des actions en *réelles* et *personnelles* et qu'elles n'ont ni communauté d'origine ni communauté d'application ; en effet, il ressort de la définition que nous avons déjà donnée des actions *per-*

sonnelles et *réelles*, que cette division des actions est empruntée à la nature même du droit, sur lequel le demandeur forme ses prétentions, tandis que cette dernière division en actions *mobilières* et *immobilières* ne repose que sur la nature de l'objet en litige.

Nous allons passer maintenant à l'application de ces actions et examiner quelles sont les causes qui ont déterminé la compétence d'un tribunal compétent pour en connaître, selon qu'elles revêtent un des deux caractères.

§ I. — L'article 59 dispose qu'en matière *personnelle* le défendeur sera assigné devant le tribunal de son domicile ; s'il n'a pas de domicile, devant le tribunal de sa résidence.

En matière *réelle*, devant le tribunal de la situation de l'objet litigieux. Quel est le motif de cette règle ? Dans le premier cas, en matière *personnelle*, le législateur a voulu suivre pour modèle la maxime *actor sequitur forum rei;* la raison en est évidente et parfaitement naturelle. En effet, le demandeur, sous de vains prétextes basés sur une prétention mal fondée peut-être, ne peut pas attirer une personne à des distances considérables pour répondre à sa demande, car s'il vient à être débouté, les dommages-intérêts dont il est redevable au défendeur ne sauraient compenser les frais et la perte de temps que lui aurait occasionnés ce déplacement; ainsi, aux termes de l'art. 59, il est beaucoup plus rationnel que ce soit le demandeur qui vienne trouver son débiteur pour l'assigner devant le tribunal de son domicile.

Si le défendeur n'a pas de domicile, il sera assigné devant le tribunal de sa résidence ; je n'entrerai pas dans des détails pour définir la différence qu'il y a entre le domicile et la résidence.

S'il y a plusieurs défendeurs devant le tribunal du domicile de l'un d'eux, au choix du demandeur, dérogation à la maxime *actor sequitur forum rei,* qui force le demandeur à assigner chaque défendeur devant leur domicile respectif.

§ II. — En matière *réelle*, le texte de l'art. 59 est formel, le tribunal de la situation de l'objet litigieux est bien le seul compétent , mais nous voyons déjà l'esprit qui a dicté cette disposition. La pensée du législateur n'a voulu faire allusion qu'aux actions réelles purement mobilières , car c'est leur état d'immobilité qui a provoqué la compétence seule du tribunal dans le ressort duquel ils sont situés.

Ainsi, d'après les notions déjà établies sur les actions *personnelles* et *réelles* , donnons un sens beaucoup plus large à la lettre du texte et complétons l'idée du législateur. En matière *personnelle* , *mobilière* ou *immobilière* , en matière *réelle* purement *mobilière* , l'action devra être portée devant le tribunal du domicile du défendeur. En matière *réelle* purement *immobilière* , le tribunal de la situation de l'objet litigieux est le seul compétent.

Passons maintenant au paragraphe 4 de l'art. 59. —*Des actions mixtes.*

§ III. — En matière mixte devant le juge de la situation , ou devant le juge du domicile du défendeur.

Qu'est-ce qu'une action *mixte* sous le Code de Procédure ? Notre législation , tout en se référant également ici quant à la dénomination , aux sources du Droit Romain , a dérogé pourtant à la loi Romaine quant à la nature et au nombre de ces actions.

Ou entend chez nous par actions *mixtes* celles dans lesquelles le défendeur est tenu à la fois personnellement et réellement , non parce qu'il existe des actions qui soient à la fois réelles et personnelles , mais parce que dans certains cas on avait une double action.

Chez les Romains , on connaissait trois cas d'actions *mixtes*.

La première s'appelait *familiæ erciscundæ* ; l'action en partage entre cohéritiers.

La seconde , *communi dividundo* , l'action en partage entre communistes non cohéritiers.

La troisième , *finium regundorum* , l'action en bornage.

Ainsi , dans les actions soit en bornage entre voisins , soit en partage entre cohéritiers ou communistes , ces actions d'un côté sont *réelles* , parce que j'agis comme propriétaire de ce qui peut me revenir de la chose indivise, *personnelles*, en ce que la loi m'accorde le droit de faire cesser l'indivision dans laquelle on se trouve, et par suite, me donne l'action contre les autres communistes, pour les forcer à subir le partage. De là résulte cette double qualité d'action *personnelle* et *réelle*, qui a pu faire donner à ces trois actions la dénomination d'actions *mixtes*.

Ces trois actions sont-elles les seules, en Droit Français, qui offrent ce double caractère de personnalité et de réalité? Poth. nous apprend qu'outre les trois actions déjà citées, on en reconnaissait encore d'autres, qui, vu leur mélange de personnalité et de réalité, étaient susceptibles, au choix du demandeur, de se porter devant le juge de la situation ou devant le domicile du défendeur. Il donnait pour exemple une action en réméré, une action en résolution de vente pour défaut de paiement du prix, une action en rescision pour vileté du prix. En effet, dans les deux cas précités, le vendeur peut agir devant le tribunal du domicile du débiteur comme dans une action *personnelle;* mais, comme ce n'est pas seulement l'exécution d'un contrat, mais la revendication d'une chose qu'il exige, il pourra agir comme en matière réelle devant le tribunal de la situation.

III.

Du tribunal où se portent les actions.

Nous avons à expliquer maintenant les derniers paragraphes de l'article 59.

1° En matière de société, tant qu'elle existe, l'action sera portée devant le juge du lieu où elle est établie.

La disposition de cet article forme une exception, soit au § Ier, soit au § IV; au § Ier, puisque les tiers qui attaquent la société, au lieu d'assigner devant le tribunal du domicile de l'un des associés, à leur choix, sont obligés d'intenter l'action devant le tribunal du lieu où la société est établie; au § IV, puisque dans cette matière *mixte,* d'après les interprétations citées, le choix entre le tribunal du domicile et celui de la situation n'appartient pas au demandeur.

Le motif d'une semblable disposition est facile à expliquer. C'est que dans le lieu où la société est établie, se trouvent les documents et les papiers qui pourront servir à l'éclaircissement des faits litigieux, lorsque le tribunal jugera nécessaire d'en ordonner la vérification et l'emploi. L'exception cesse aussitôt que la société est dissoute; car, le demandeur, s'il y a plusieurs défendeurs, ne pourra les assigner à son choix que devant le tribunal du domicile de l'un d'eux.

2° — En matière de succession : 1o sur les demandes entre héritiers jusqu'au partage inclusivement, devant le tribunal du lieu où la succession est ouverte.

Il ne faut pas prendre cet article au pied de la lettre, mais donner au contraire à l'esprit de la loi un sens beaucoup plus large. Aux termes de cet article, les demandes en rescision ou en garantie qui évidemment ne peuvent avoir lieu qu'après le partage, la compétence du tribunal d'ouverture doit être déclinée.

Nous ne croyons pas que cet argument doive être appliqué ainsi.

Le législateur en matière de société, pour ce qui concerne les associés entr'eux, de même qu'en matière de succession, pour ce qui concerne les actions en garantie ou en rescision entre cohéritiers, n'a pas eu l'intention de refuser compétence au tribunal de l'ouverture. En effet, quoique *personnelles*, ces actions sont nées du partage et doivent être portées par conséquent devant le tribunal qui a déjà surveillé le partage ; car, nul autre que lui, ne pourra mieux appliquer, ni apprécier l'étendue des obligations qui en résultent.

3o — Sur les demandes qui seraient intentées par les créanciers du défunt avant le partage, devant le tribunal du lieu où la succession est ouverte.

Dérogations au principe de l'art. 59, § 2. — Nous n'avons pour exposer les motifs de cette disposition, qu'à invoquer les raisons déjà émises plus haut, car c'est au lieu du domicile du défunt que peuvent se trouver les titres.

4o — Sur les demandes relatives à l'exécution des dispositions à cause de mort, jusqu'au jugement définitif, devant le tribunal du lieu où la succession est ouverte.

Mêmes remarques que dans le cas précédent ; cependant, par jugement définitif, il faut entendre jusqu'au jugement d'homológation du partage et non le jugement à intervenir entre le légataire et les héritiers ; mais s'il n'y avait pas lieu à partage, le tribunal du domicile de l'héritier serait le seul compétent.

5° En matière de faillite, devant le juge du domicile du failli. Nouvelles dérogations aux principes de l'art. 59, §§ 1 et 2 ; car, ce n'est pas devant le tribunal du domicile de l'un des syndics, mais bien devant le tribunal du domicile du failli lui-même qui est le véritable défendeur ; mais ceci n'a lieu que pour les *actions personnelles* des tiers contre le failli , car, pour les *actions réelles immobilières*, le tribunal compétent serait alors celui de la situation.

6° — En matière de garantie, devant le juge où la demande originaire sera pendante.

La règle *actor sequitur forum rei,* est encore abandonnée, à cause du grand avantage que procure cette disposition.

En effet, on confond deux procès en un seul ; d'abord, l'action en revendication qui est la demande originaire, et puis la demande en garantie que j'intente incidemment contre mon vendeur, par conséquent économie de temps et de frais, et surtout point de décisions judiciaires opposées en une même question.

7o — Enfin, en cas d'élection de domicile pour l'exécution d'un acte, devant le tribunal du domicile élu ou devant le tribunal du domicile réel du défendeur, conformément à l'art. 111 du Code Nap.

Cette disposition n'est que la reproduction de l'art. 111 du Code Nap. En principe, le défendeur doit être toujours poursuivi devant le tribunal de son domicile ; l'élection est présumée faite dans l'intérêt du demandeur, les parties néanmoins peuvent renoncer au droit que donne l'élection de domicile, et le défendeur pourra être poursuivi devant le tribunal de son domicile réel, à moins que cette élection de domicile ne fût intervenue dans l'intérêt du défendeur.

Art. 60. — Les demandes formées pour frais par les officiers ministériels, seront portées devant le tribunal où les frais auront été faits.

Cette dérogation de la règle *actor sequitur forum rei*, a été abandonnée, d'abord dans l'intérêt de l'officier ministériel demandeur, pour lui éviter des déplacements qui pourraient nuire à l'activité du service public ; c'est une des causes, du reste, qui a fait dispenser sa demande du préliminaire de conciliation. Mais une raison peut-être plus importante et qui tient à un ordre d'idées tout différent, justifie davantage cette disposition, c'est que tout officier ministériel placé sous la censure du tribunal, ne pourra demander plus que ne le comporte la taxe des frais , ses demandes seront plus sobres et plus réservées ; ainsi, la dérogation apportée par l'art. 60, se fonde sur l'intérêt des deux parties ; il y a même des égards de convenance et d'ordre public, aussi est-elle plus absolue et plus impérative.

Droit Criminel.

Des attributions des officiers de police judiciaire dans le cas de flagrant délit et dans les cas assimilés au flagrant délit.

La première demande à se faire; avant de parler de compétence et d'attributions en matière criminelle, est cette question primordiale , quels sont les officiers de police judiciaire ?

L'action tutélaire de la police administrative pour prévenir la perpétration des crimes et délits ayant été inefficace, il s'agissait de rechercher le crime après son exécution, de le constater, d'en saisir les auteurs et de les livrer aux tribunaux ; c'est là la part d'attribution échue aux officiers de police judiciaire.

Mais comme il n'y a pas de lieu qui ne puisse être le théâtre d'une scène criminelle, il était important qu'en chaque localité on pût rencontrer un officier de police judiciaire chargé de faire les démarches nécessaires pour arriver à la connaissance et à la réparation de ce crime.

C'est dans ce but qu'a été édité l'art. 9 du Code d'Instr. Crim., qui désigne comme officiers de police judiciaire les gardes-champêtres et forestiers, les commissaires de police, les maires et adjoints, les procureurs du roi et leurs substituts, les juges de paix, les officiers de gendarmerie, les commissaires généraux de police, les juges d'instruction.

Ainsi, la plus petite agglomération populaire trouvera son officier de police chargé de rechercher et de poursuivre tous les crimes et délits qui auront pu être commis, et verra s'en s'accroître le nombre, selon son importance.

La commune aura son maire et ses adjoints, son garde-champêtre ou forestier, son commissaire de police.

Le canton aura, en outre, son juge de paix, officier de police de tout le canton et un commissaire de police dont les attributions s'étendront aussi sur toute la circonscription cantonale.

Au chef-lieu d'arrondissement, sera le procureur impérial, véritable officier de police judiciaire dans tout l'arrondissement, et avec lui le juge d'instruction et les officiers de gendarmerie.

Au chef-lieu de département, le préfet ayant reçu, par l'art. 10 Code d'Inst. Crim., le pouvoir de constater dans sa circonscription tout délit, crime et contravention.

Au siége de la Cour impériale, un procureur général, avec mission de surveiller tous les officiers de police judiciaire et de concentrer tous ces divers rouages entre les mains du ministre de la justice.

Maintenant, que le nombre des officiers de police judiciaire nous est connu, que nous les avons vus fonctionnant chacun dans les limites des

6

divers ressorts qu'ils occupent, rentrons plus particulièrement dans là question que nous avons à examiner, recherchons quelles sont leurs attributions dans le cas tout particulier du flagrant délit.

Quand il ne s'agit que d'un délit commun, les attributions du procureur impérial ou de ses auxiliaires sont éminemment restreintes ; ainsi, les art. 29 du Code d'Inst. Crim. et 48, chap. 5, nous apprennent que tout se borne pour eux à recevoir plaintes et dénonciations et à les transmettre au juge d'instruction, le tout accompagné du réquisitoire du ministère public ; c'est sur le juge d'instruction que retombe, dans les délits communs, la part presque entière de la constatation et de la poursuite criminelle.

Il en est tout autrement dans le cas de flagrant délit. Ici, non-seulement le ministère public, véritable officier de police judiciaire, et comme lui tous ses officiers auxiliaires, recevront les plaintes et dénonciations, mais encore ici tout maire, adjoint, commissaire, procureur, etc., aura des attributions analogues à celles du juge d'instruction pour les délits communs ; ainsi, ils requerront, en outre, tout renseignement et déclaration relative au flagrant délit, et feront toutes démarches nécessaires pour constater le crime, pour en faire arrêter les auteurs et saisir toutes pièces de conviction.

Mais avànt d'aller plus avant, nous devons, avec l'art. 41 du Code d'Instruction Criminelle, nous demander qu'est-ce que le flagrant délit ? Il y a flagrant délit, non-seulement quand on est surpris pendant l'exécution elle-même de son action criminelle ou sur le lieu théâtre du crime, mais encore si, ayant pris la fuite pour échapper aux poursuites, on est arrêté étant toujours détenteur de l'objet et sans avoir pu encore le recéler, ou si l'on est trouvé nanti des armes, instruments ou papiers qui ont servi à la perpétration du crime ; ou bien encore, si l'on est poursuivi par la clameur publique comme étant l'auteur d'un crime, quand bien même l'espace de temps écoulé ne pourrait plus permettre d'y voir un délit flagrant, c'est-à-dire actuel.

Dans tous ces cas de flagrant délit, les attributions de tout officier de police quelconque seront, non-seulement aussi vastes que possible, mais encore tout citoyen reçoit, dans ces circonstances, le pouvoir de vous arrêter.

Examinons maintenant avec plus de détail les attributions spéciales que confère le flagrant délit aux divers officiers de police judiciaire. L'article 32 nous apprend quels sont les premiers devoirs de tout officier de police judiciaire qui vient à apprendre l'existence d'un crime flagrant, de nature à entraîner une peine afflictive ou infamante. Il doit sans retard se transporter sur les lieux, en vérifier l'état, constater le corps du délit, recevoir les déclarations de toutes les personnes en état de lui en fournir, et faire avertir le juge d'instruction.

De plus, comme il pourrait se faire que l'auteur ou les complices du crime n'aient pas encore eu le temps de s'échapper, l'art. 34 lui confère le droit de faire cerner les lieux, afin que personne ne puisse s'éloigner tant que reste ouvert le procès-verbal de la constatation du crime, de l'examen des lieux et des déclarations des témoins ou voisins, le tout à peine, contre tout contrevenant, de se voir saisi, déposé dans la maison d'arrêt, et condamné par le juge d'instruction, sur les conclusions du procureur-impérial, à une amende qui ne peut dépasser 100 francs, et à un emprisonnement qui n'excèdera pas 10 jours.

Mais, si le prévenu contre lequel il existe de graves charges n'avait pu être saisi et amené devant l'officier de police pour être interrogé, on lancera contre lui, à l'effet de le faire comparaître, une ordonnance dite mandat d'amener.

Ensuite on passera à l'examen des preuves matérielles du délit; l'officier de police judiciaire devra saisir toutes pièces de conviction destinées à établir la vérité sur ces faits. Il s'emparera des armes et de tous autres objets qui ont pu servir à commettre le crime ou délit, ainsi que de tout ce qui paraîtra en avoir été le produit; il présentera ces objets au prévenu, s'il est présent, provoquera ses explications, et constatera le tout dans un procès-verbal que devra signer le prévenu.

S'il est nécessaire de se transporter au domicile de l'inculpé, afin d'établir la preuve du crime, on s'y rendra, dans le but de s'y livrer à des perquisitions ; mais, de tous les officiers de police, le seul juge d'instruction aura le droit d'étendre ses investigations jusqu'aux maisons des tiers, et de pénétrer en tout lieu, à moins que les inculpations les plus graves ne vinssent les impliquer dans le crime, et nécessiter des perquisitions urgentes de la part de tout autre officier de police.

Tous les objets à charge ou à décharge saisis dans ces investigations, seront aussi présentés à l'inculpé, on en dressera procès-verbal, et ils seront enfermés, scellés et cachetés avec soin.

L'art. 42 du Code d'Instruction criminelle enjoint à tout officier de police qui se rend sur les lieux pour constater un crime flagrant, de se faire accompagner par le commissaire de police, maire ou adjoint de la commune dans laquelle le crime aura été commis, ou à défaut, par deux citoyens domiciliés dans la commune, dans le but d'être présents à la rédaction des divers procès-verbaux, comme témoins, et d'y apposer aussi leur signature. Cependant cette prescription n'est pas tellement rigoureuse, qu'à défaut de témoins, l'officier de police ne puisse commencer de procéder lui seul à la constatation du corps du délit.

De plus, toutes les fois qu'il s'agira de crimes commis envers les personnes, coups ou blessures, mort violente ou suspecte, l'officier de police devra se faire accompagner de deux hommes de l'art pour constater scientifiquement la gravité et l'état du délit ; ces experts devront, préalablement, avoir prêté serment de donner leur avis en leur honneur et conscience.

Preuves orales. (Art. 33). — Les preuves matérielles acquises, l'officier de police appellera au procès-verbal les parents, voisins et domestiques, afin de provoquer, de recevoir leurs déclarations, des explications et recueillir des éclaircissements ; ici rien ne se passe sous la religion du serment, on ne fait que rassembler les premiers éléments du procès ; la seule chose à laquelle sont tenues les parties, c'est de signer leurs dires et déclarations, ce qui n'empêche pas que pour recueillir d'une manière authentique une déposition importante, on pourrait faire prêter serment à une personne dangereusement malade.

Quant aux mesures à prendre à l'égard des inculpés, elles nous sont déjà connues : l'officier de police fait saisir le prévenu dans le cas où le flagrant délit est de nature à entraîner une peine afflictive ou infamante; bien plus, l'art. 106, Code d'Instruction Criminelle, accorde à tout agent de la force publique et même à tout particulier, le droit de saisir le coupable en l'absence même de tout mandat d'amener, et de le traduire devant le procureur impérial. Dans tous les cas, l'officier de police qui ne trouve pas contre les prévenus des charges suffisantes, a le droit de le relaxer immédiatement ; au contraire, si le prévenu s'était soustrait aux recherches de la justice, on lancerait contre lui le mandat d'amener pour le sommer de comparaître ; ce mandat est une ordonnance par laquelle on somme tout agent de la force publique de se saisir de telle personne et de l'emmener pour subir son interrogatoire.

Enfin, l'art. 45 termine cette matière en nous apprenant que toutes les pièces de conviction saisies et tous les procès-verbaux doivent être remis au procureur impérial, si la constatation du délit a eu lieu par un officier auxiliaire de police, et que le ministère public doit, à son tour, faire parvenir le tout entre les mains du juge d'instruction.

Il ne reste plus à parler que des cas assimilés au flagrant délit. L'article 46 assimile au flagrant délit les crimes commis dans l'intérieur d'une maison et dont le chef vient faire la déclaration aux officiers de police judiciaire; dans ce cas, quoique le délit ne soit par flagrant, il devra pourtant être constaté par eux d'après les modes ci-dessus établis pour le flagrant délit.

Ce que nous venons de dire du chef de maison s'applique aussi au père de famille simplement locataire ; s'il requiert la police pour un crime ou délit quelconque, mais de nature à entraîner une peine afflictive ou infamante, elle devra agir comme pour le flagrant délit, et il y a pourtant cette différence entre le chef de maison et le père de famille simplement locataire, que le premier peut requérir l'action de la police judiciaire, même pour les délits simplement correctionnels, tandis que le deuxième ne peut invoquer, pour jouir de cette faveur, que des crimes ou délits criminels.

———

Cette Thèse sera soutenue, en séance publique dans une des salles de la Faculté, le 10 mai 1855.

Vu par le Président de la Thèse,

CHAUVEAU-ADOLPHE.

Toulouse, imprimerie Gibrac OUVRIERS RÉUNIS, rue St-Pantaléon, 3.

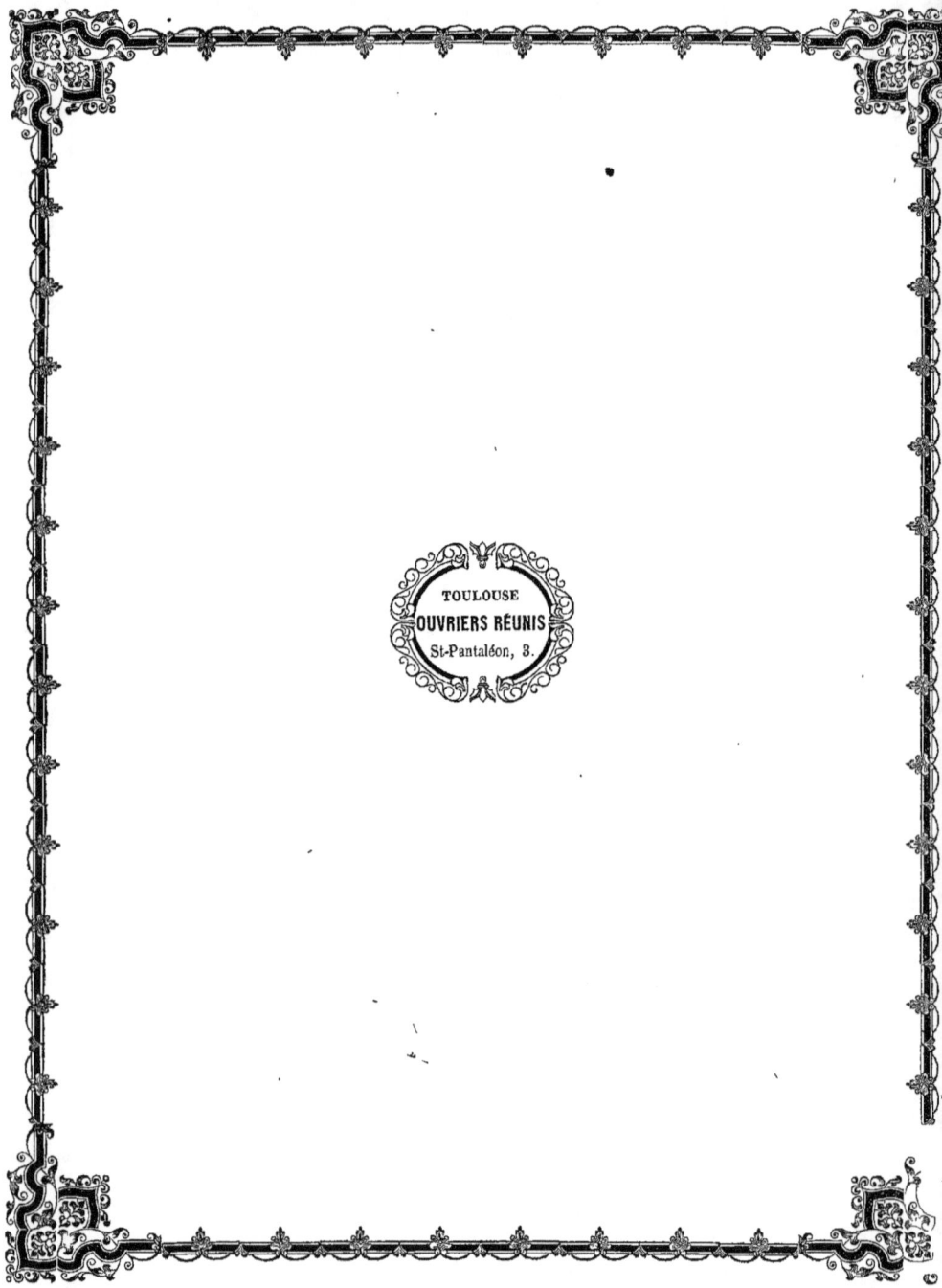

TOULOUSE
OUVRIERS RÉUNIS
St-Pantaléon, 3.

www.ingramcontent.com/pod-product-compliance
Lightning Source LLC
LaVergne TN
LVHW022037080426
835513LV00009B/1093